100均
フリーダム

１００均フリーダム宣言

１００均グッズには自由がある。
脱力感あふれる自由がある。
我々はそれを、１００均フリーダムと呼ぼう。

１００均フリーダム。
それは、突飛な商品コンセプトの肯定。
１００均フリーダム。
それは、大ざっぱなデザインの肯定。
１００均フリーダム。
それは、細かいことを気にしない精神。

１００均フリーダムを知った者は気づくだろう。
自分の感性が今まで、洗練という名の鎖によって
がんじがらめにされていたことを。
自分のイマジネーションが今まで、
常識という名の檻に囚われていたことを。

１００均フリーダム。
これは解放運動である。
あらゆる美意識から脱却するために、
今こそ我々は行進するのだ。
１００円玉を握りしめて。

さあ、自由になろう。

目次

黄緑色の目のパンダ

Yellow-Green Eyed Panda

人間には、パンダの目を黄緑色に塗る自由がある。パンダの爪を青くする自由がある。しかしその自由を、我々は常識という箱の中に閉じ込めてきたのではないだろうか。100均は常識からの逸脱を恐れない。クリエイティブに自己規制を設けない。想像力の彼方へ飛び立つ勇気を、この作品は与えてくれる。好きな色を、好きなところに、好きなように塗ろう。誰もそれを責めたりはしない。それどころか、100円で販売することだってできるのだ。

一緒時間

Together Time

壁飾りである。ハンドメイド感あふれるデザインが素敵だ。布のほつれや全体に散りばめられたホコリも見逃せないが、なんといっても目をひくのはボンドで無造作にくっつけられたビーズ玉である。ちょっとボンドの量が多すぎないか。そんなことを思うようでは、まだまだである。細部へのこだわりのなさが100均フリーダムの本質なのだ。神は細部に宿るというが、それならば100均グッズに神はいない。そのかわりに、大いなる自由が宿っている。

悪役レスラー
Heel Wrestler

首が、全然しっくりきてない。100均界をあまり知らない方は、私が勝手に別の人形の首をくっつけたのではないかと思うかもしれないが、もちろんそんな細工はしていない。始めからこういう商品なのだ。100均はしっくりに無頓着である。そしてその無頓着さが、見る者の心を解放してくれる。首が横にはみ出したっていいじゃないか。首の色が違ったっていいじゃないか。しっくりくることがそんなに大切か、とこの悪役レスラーは問いかけている。

漢字フォトスタンド

Kanji Photo Frame

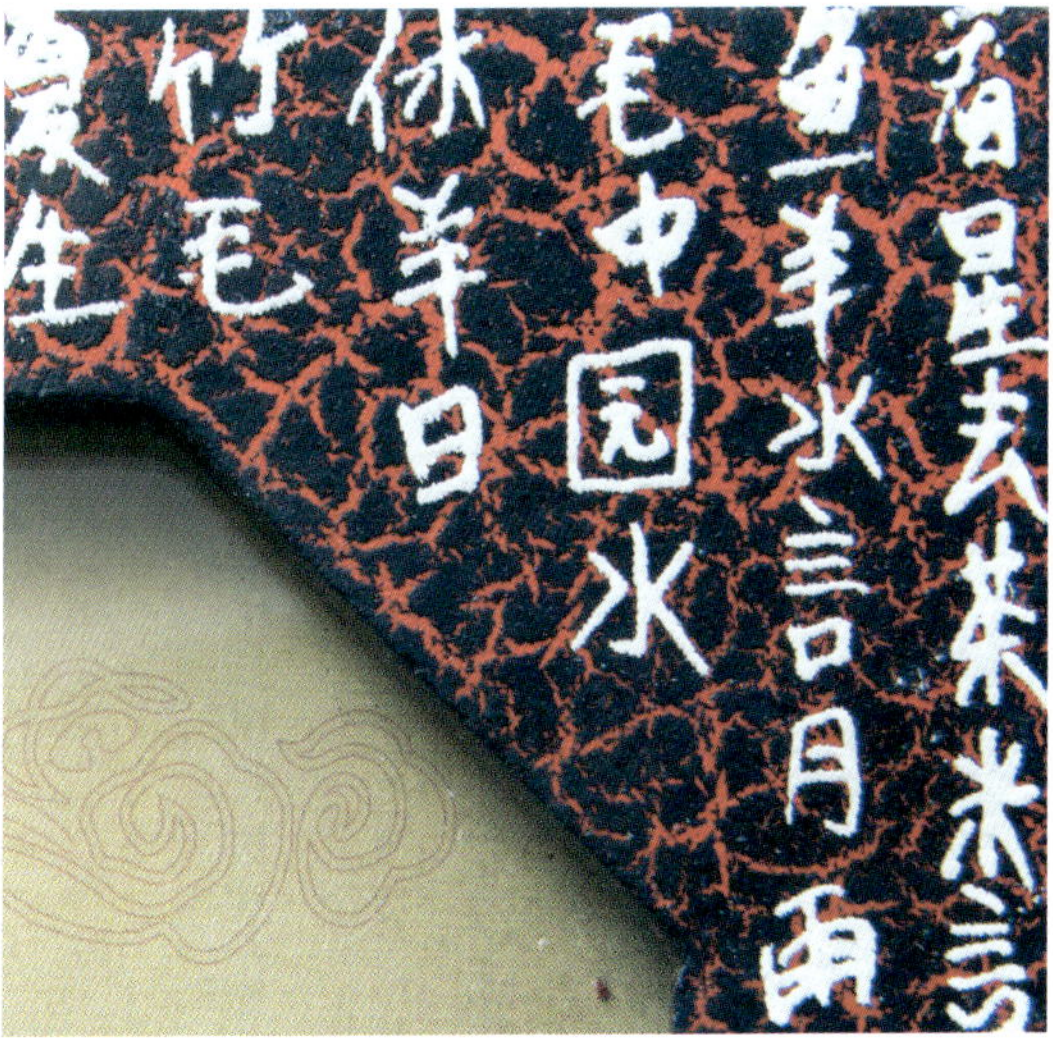

　フォトスタンドのフレームに、びっしりと書き込まれた漢字。耳なし芳一を彷彿とさせるデザインが、見る者の心に得体の知れない湿気を帯びさせる。意味のつかめない漢字の羅列。覇気の感じられない筆跡。このフォトスタンドに自分の写真を入れたくないという思いが、心の底から湧き上がってくる。しかしそんなことを言っているようではフリーダムに生きることはできない。不自由という名の亡霊に取り憑かれたくなければ、このフレームを身に纏うのだ。

のっぽのコックさん

Long Tall Cook

　こういう人形です、としか言いようがない。タグには「のっぽのコックさん」と書いてあった。特別な機能があるわけでもなく、流行のキャラクターというわけでもない。ただ、のっぽのコックさんなのである。この唐突さと仕掛けのなさがいかにも100均らしい。いったいどんな動機でこれを買えばいいのだろう。そう思う方もいるかもしれないが、動機など必要ない。理由はいらない。「つくってみた」商品には、「買ってみた」がふさわしい。

ゴム軍手

Rubber Work Gloves

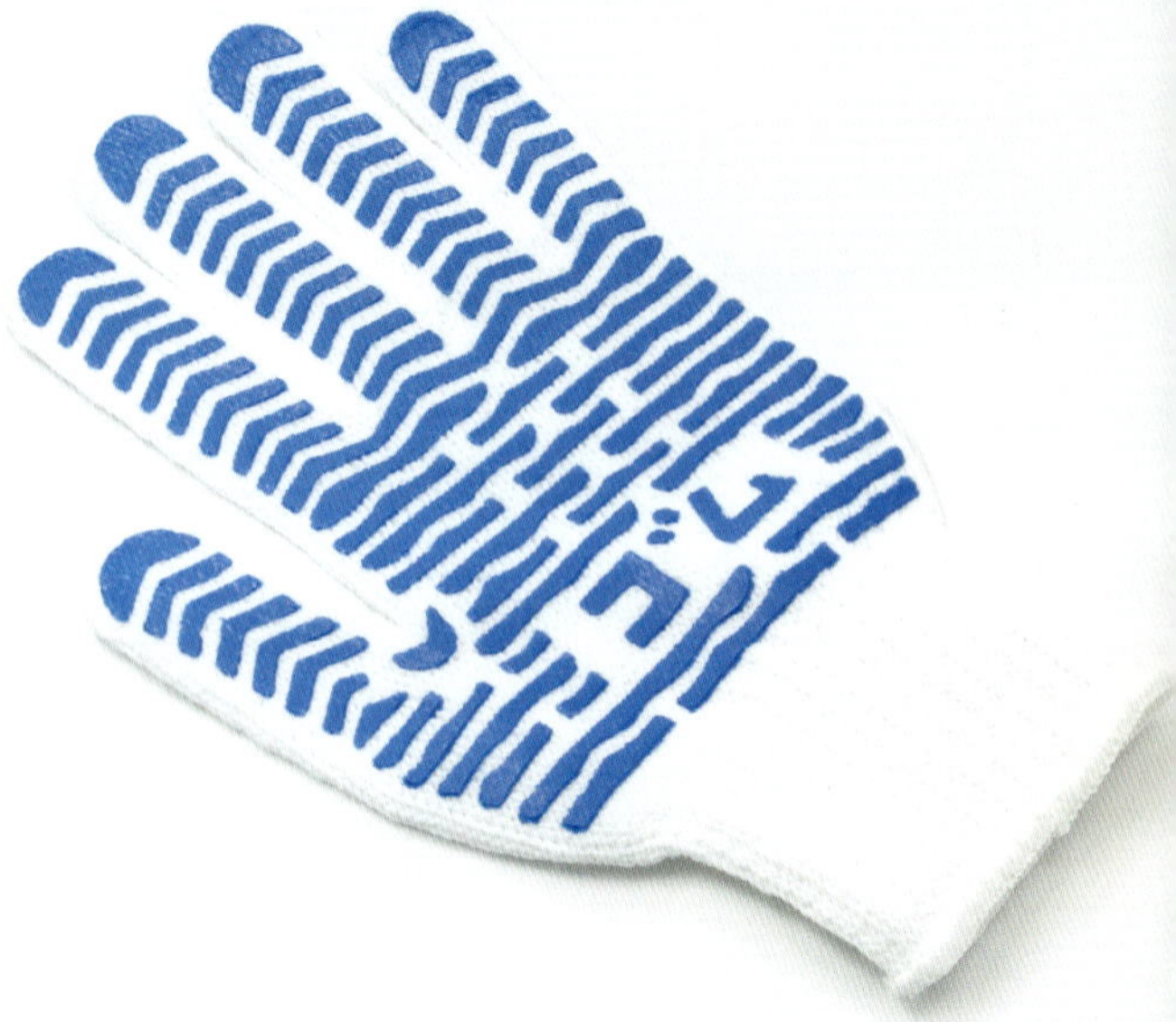

軍手である。滑り止めにつけられた青いゴム。そして、それを主張する「ゴム」の2文字。ゴムでゴムと書いているのだ。キリンビールの麒麟の絵に「キリン」の3文字が隠れているのは有名だが、この「ゴム」は逃げも隠れもしない。堂々たるゴム宣言である。はっきり言えば、ここにゴムと書く必要はない。見れば分かる。しかし、無駄は自由を培養するのだ。よく目を凝らせば、青い波模様の中に「フリーダム」の字が隠れているのが見えるだろう。

○×ゲーム

Noughts and Crosses

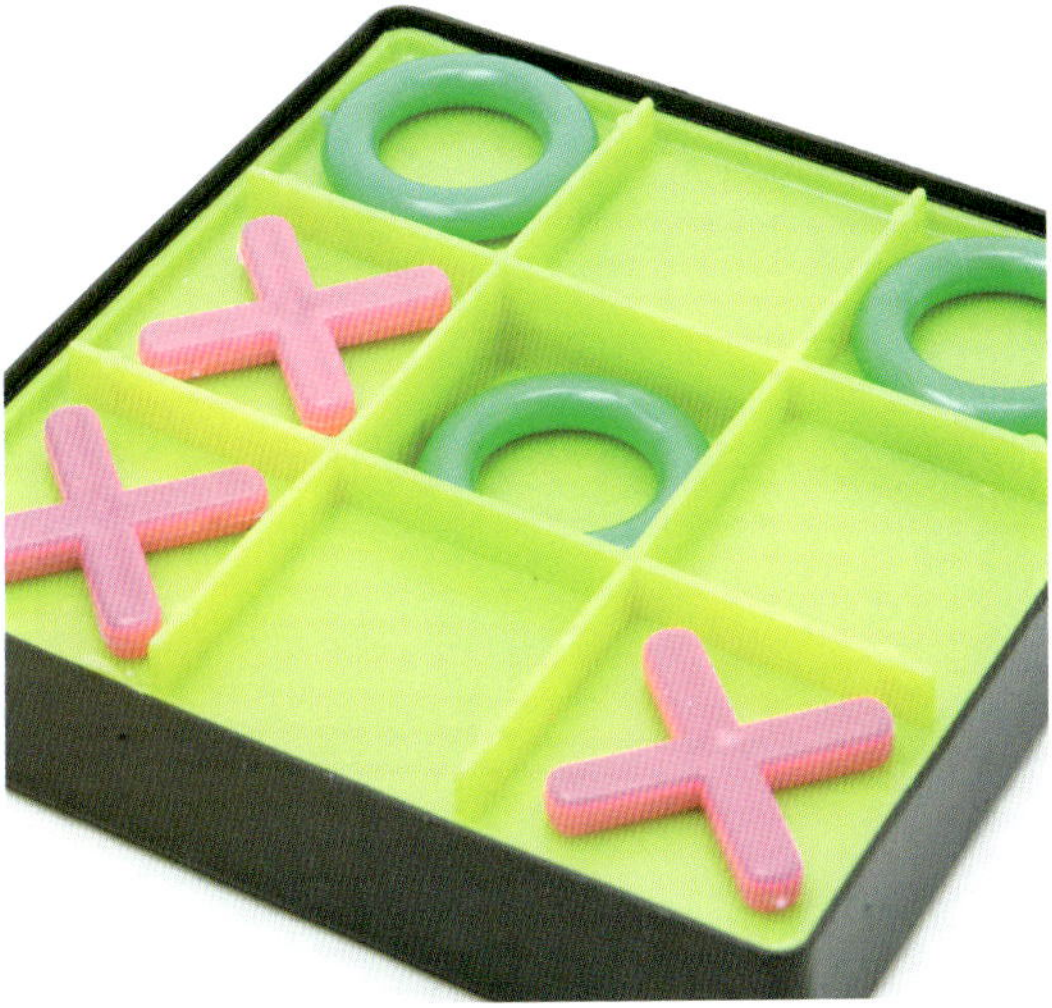

店頭でこの商品を見つけたとき、しばらく動けなかったことを憶えている。紙と鉛筆があればできる、あの○×ゲームが、商品になっているのだ。パッケージの惹句《じゃっく》も威勢がいい。「縦、横、斜めのうち3つ先に並べたら勝ち！」。知っている。誰もが知っているし、チラシの裏でもできる。しかしあえてそれを商品化したのだ。コロンブスの卵とはこのことである。「○×ゲームを商品化しよう」と発案した作者に、私は激しい嫉妬と羨望の念を覚える。

ペア・キーホルダー

Pair Keychains

1つずつだとなんだかよく分からない形だが、2つを合体させると、ほら・・・やはりなんだか分からない。これはいったい、なにをモチーフにしたものなのだろうか。パッケージにもヒントは書かれていなかった。このミステリアスさにキュンとくる。また、合体部分に隙間があり、ぴったりはまっていないところも良い。隙間とは、すなわちゆとりである。お互いを束縛しない、ゆるやかな関係を望む恋人たちに、このペア・キーホルダーをお薦めしたい。

瓶にサイコロ

Dice on a Bottle

「瓶のフタにサイコロをくっつけてはいけない」というルールなど、どこにもない。それなのに、どうして我々は今までそれを思いつかなかったのだろうか。クリエイティブの制約は、実は自分の内側にこそあるのだと気づかせてくれる作品だ。サイコロの目の奔放さも素晴らしい。このダイナミックな乱れ。よそ見をしながら作業したのだろうか。作者の口笛が聞こえてきそうだ。小さなことにこだわらない生き方、それが100均フリーダムである。

万華鏡カエル

Frog Kaleidoscope

中央の穴にガラスが嵌め込まれており、景色を万華鏡のように眺めることができる製品。ドーナツ型なのに、なぜわざわざカエルを模したのか。やはり100均作家、突飛な発想にかけては人後《じんご》に落ちない。私なら「ドーナツ型だから、そのままドーナツ模様にしてはどうだろう」と思ってしまうが、それは凡人の発想なのである。出っぱった目も挑戦的だ。出すところはしっかり出す。必要以上に出す。中庸に甘んじないその姿勢を賞賛したい。

モダン家具

Modern Furniture

1辺10センチほどのテーブルのおもちゃ。パッケージには「モダン家具」と書いてあった。デザイナーズ家具のミニチュアなのだろう。これは100均界から高級家具界への挑戦状である。人はこの挑戦を無謀と言うかもしれない。身の程知らずと言うかもしれない。実際、再現しきれていない。斜めに歪んだ脚から「がんばったけどダメでした」という感じが伝わってくる。しかし、無謀を承知でつくりたいものをつくる、その尊い100均魂を感じてほしい。

マグネット・ライオン

Lion Magnet

かろうじてライオンであるらしいことは判別できるが、我々が知っているライオンとは違う。100均は人々が無意識に定めた「範囲」を軽々と飛び越える。ライオンの範囲。パンダの範囲。カエルの範囲。それらの境界線を優雅に跨いでゆくのだ。人は越境者を目撃したときに、初めて境界線の存在を認識する。そして「向こう側の世界」があることを知るのだ。自分の認識しているものが世界のすべてではないのだということを、100均は教えてくれる。

オレンジジュース専用グラス

Glass Exclusively for Orange Juice

なんてストイックなグラスだろう。瑞々しいオレンジの写真に「ORANGE JUICE」の文字。汎用性なし。しかしこの潔さが、かっこいい。オレンジジュース以外は認めないぞ、という強い意志が感じられる。このグラスでお茶やコーラなどを飲んでみてほしい。今までに感じたことのない、まだ名前のついていない感情が湧き起こってくること請け合いである。独創的な商品コンセプトを提案し続ける100均に、乾杯。（オレンジジュースで）

APPLE

GRAPE

蛇口グラス

Tap Glass

かつて、蛇口の絵が描かれたグラスがあっただろうか。なかったはずだ。我々はそれを反省せねばならない。そして、初めてこの発想に至った100均デザイナーを称えよう。このグラスに水を注げば、どんなミネラルウォーターも水道水っぽく飲むことができる。もちろん普通に水道水を入れるもよし。日本の水道水は非常に厳しい品質基準が設けられており、安全性にまったく問題はない。そんな事実に思いを馳せながら喉を潤すのもいいだろう。

ガーデニングかたつむり

Garden Snail

ｓｌｏｗｙという英単語はない。ｓｌｏｗｌｙのエルが抜けたのだろう。かたつむりだから、ゆっくり行こうと言いたかったのだ。スペルミスだが、そのまま商品として販売されている。１００均はミスに寛容なのである。スペルを間違ったって、誰かが死ぬわけじゃない。エルの１つや２つ、あってもなくても大差ないだろう。それに、もしかするとこのかたつむりはスローウィーという名前なのかもしれない。心ある１００均ファンはそう解釈する。

楽しい食パン

Joyful Sliced Bread

食パンの形をした板1枚1枚に動物の絵と英語名が書かれている。ドラえもんの「暗記パン」が脳裏をかすめた方も多いだろう。それ以外に食パン型にした理由は思いつかない。この商品のパッケージには「遊んで覚える、楽しい食パン」と書かれていた。いったい、どう遊べばいいのか。どう楽しめばいいのか。100均は我々に、様々な問いを投げかけてくる。この問答に正解はない。自分なりの答えを探して、自由の意味をじっくり噛みしめよう。

なすびカー

Eggplant Car

100均グッズから学ぶことは多いが、突出しているのは「自由な発想」である。例えばあなたがおもちゃメーカーに勤めているとしよう。そこで車のおもちゃの企画を担当することになった。何週間も考え続け、何十個も案を出す。その中に、「なすびカー」は入っているだろうか？　恥ずかしながら私の頭からは出てこない。ましてやトマトを車輪にしようなどという発想は、絶対に出ない。我々の脳がいかに凝り固まっているかを、この作品は教えてくれる。

毛糸すいかストラップ

Wool Made Watermelon Strap

毛糸でできたストラップである。どうやらすいかのようだ。題材に赤ではなく黄色いほうのすいかを選んだことが、分かりにくさを加速させている。ポツンと見えている黒い点は種だろう。すいかっぽさが今ひとつ表れていない作品だが、このようなざっくりした仕上がりは100均界においては珍しいことではない。そして、時としてこのスキの多さが、見る者に安心感を与えてくれる。100点を取ることを求められない、のどかな世界がここにある。

フラワー・ラブ
Flower Love

Ｆｌｏｗｅｒ　Ｌｏｖｅとはなんなのだろうか。まず英語としてて違和感があるし、しかもここに描かれているのは花ではない。オランダの風車だ。訳が分からない。この訳の分からなさに、私は惹きつけられる。不可解であるがゆえに好奇心を刺激されるのだ。超常現象を目撃した人も、きっとこんな気持ちに違いない。１００均は神秘的かつ魅力的だ。ちなみにこれはマグネット製品なのだが、比喩としても文字通りの意味でも「磁力がある」と言える。

猿寿司

Monkey Sushi

お寿司に猿が巻かれている。言葉だけでは意味が分からないかもしれないが、私は正しい説明をしているつもりだ。もう一度言おう。お寿司に猿が巻かれている。下からシャリ、ネタ、猿である。それが海苔のようなものでぐるりと巻かれているのだ。我々はお寿司も知っているし、猿も知っている。しかしどんなに時間をかけて考えても、猿寿司というアイデアには辿り着けない。１００均作家のひらめきは、１００時間のブレストを凌駕するのだ。

Q

100均クイズ（1）

"WHAT IS THIS?"

ヒントは「食べ物」。そう言えば、多くの方はなにか分かるだろう。そう、お寿司である。カイコの繭のような俵型の物体はシャリだ。ここまではサービス。問題はその先である。さて、なんのお寿司でしょう。スノコのような茶色い板。これがなんのネタなのか、考えてほしい。様々なネタを順に思い浮かべ、照らし合わせていこう。友人と一緒に議論しながら考えるのもお勧めだ。これだと思うものを高らかに宣言してから、正解ページを見てほしい。（答えは次ページ）

A

うなぎ

Eel

うなぎである。そう書いてあった。なかなかマニアックなチョイスだ。正解できた人はかなり100均作家の感性に近いと言える。ちなみに私は正解できなかった。おのれのフリーダム不足を恥じるばかりである。

100均
フリーダム

隈芸者

Shaded Eye Geisya

バランスを欠いた左目の隈《くま》が不安をかき立てる。もちろんわざとではないだろう。100均作家は細かい作業が苦手なのだ。よく見ると瞳の形もいびつである。筆を持つ手に余計な力が入ってしまったのだろう。しかし不良品にはならない。失敗とはみなされない。アリかナシかのジャッジにおいて、ほとんどのものがアリに含まれる世界。その愛の深さが100均の最大の魅力である。どのような者にも、100均は平等に居場所を与えてくれる。

白熊のようなもの

Polar Bear-Like

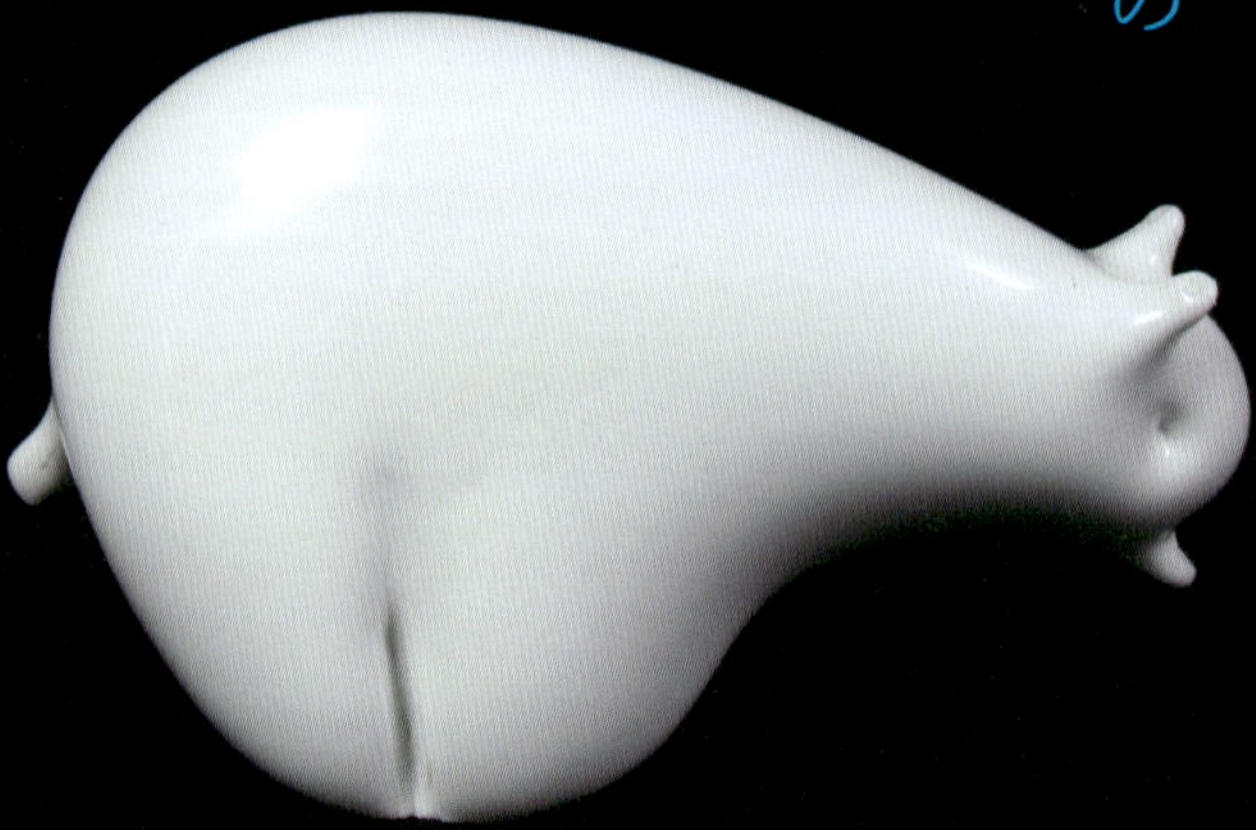

白熊のような体に、くちばしのようなでっぱり。その中央には窪み。なんの動物だろう、と考えようとする脳をなだめ、落ち着かせる。分からなくていいのだ。優れた100均作品を目の当たりにすると人は動揺してしまいがちだが、分からないものを分からないままに、泰然と受け止めればいい。逆に言えば、100均作家は誤解を一切恐れていない。どのように受け取られても構わないという、いい意味で投げやりな創作姿勢を貫いているのである。

ガラスのサンタ

Glass Santa Claus

クリスマスコーナーで売られていた人形である。サンタクロースだとはどこにも書いていなかった。しかし私はサンタだと信じたい。白い顔に白い帽子。赤いコブシ。サンタ要素は希薄だが、そんなことを気にしてはいけない。なに色でもいいのだ。「だいたいの雰囲気でつくる」という素敵なメンタリティがここにある。あごヒゲが分離していることも気にしてはいけない。100均サンタは聖夜、君の家にフリーダムを届けてくれるだろう。メリークリスマス。

首長芸者
Long Neck Geisya

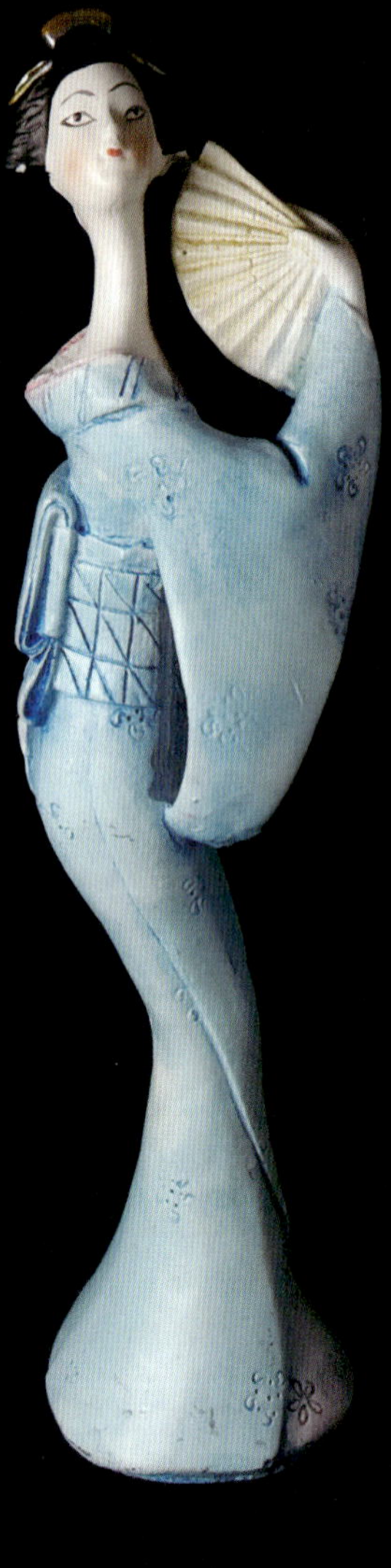

明らかに長い。しかし「首、長くね？」と誰にも指摘されないまま、店頭に並んだのである。設計段階、製造段階、検品段階、そしてバイヤーによる買い付けの段階。「首、長くね？」と指摘するチャンスは何度もあったはずだが、ついに誰もその一言を口にすることはなかった。そう、それでいいのだ。細かいことを指摘するのはよそう。もっと、おおらかにいこうよ。100均イズムが心に染み渡る。1センチや2センチにこだわる神経質な自分を恥じたい。

ス・モンスター

ster

ビーズでつくられた小さなストラップ。バランスを逸した大きな目が印象的だ。例によってなんの動物かは分からないが、ピカチュウ的な、一種のモンスターだと解釈したい。１００均の安さを言い表す言葉として「え、これが１００円？」というセリフがある。しかしそれとは逆の意味で「え、これが１００円？」と呟いてしまうものもある。１００円だと思って安心してはいけない。１００均は隙あらば我々の価値観に揺さぶりをかけてくるのだ。

オニキスの置物

Onyx Figurine

オニキスは古来より宝飾品として愛されてきた石である。彫刻・工芸品をはじめ、カメオなどの装身具の材料としても利用されてきた。世界中で様々な形に加工されてきたオニキスだが、１００均作家の手にかかればこの通り。見事なつかみどころのなさである。立体造形の歴史に終止符を打つかのような、ふわっとした完成度。１００均の面目躍如と言えるだろう。何時間眺めても飽きない。部屋に飾りたい。高価なものだけが宝物になるとは限らないのだ。

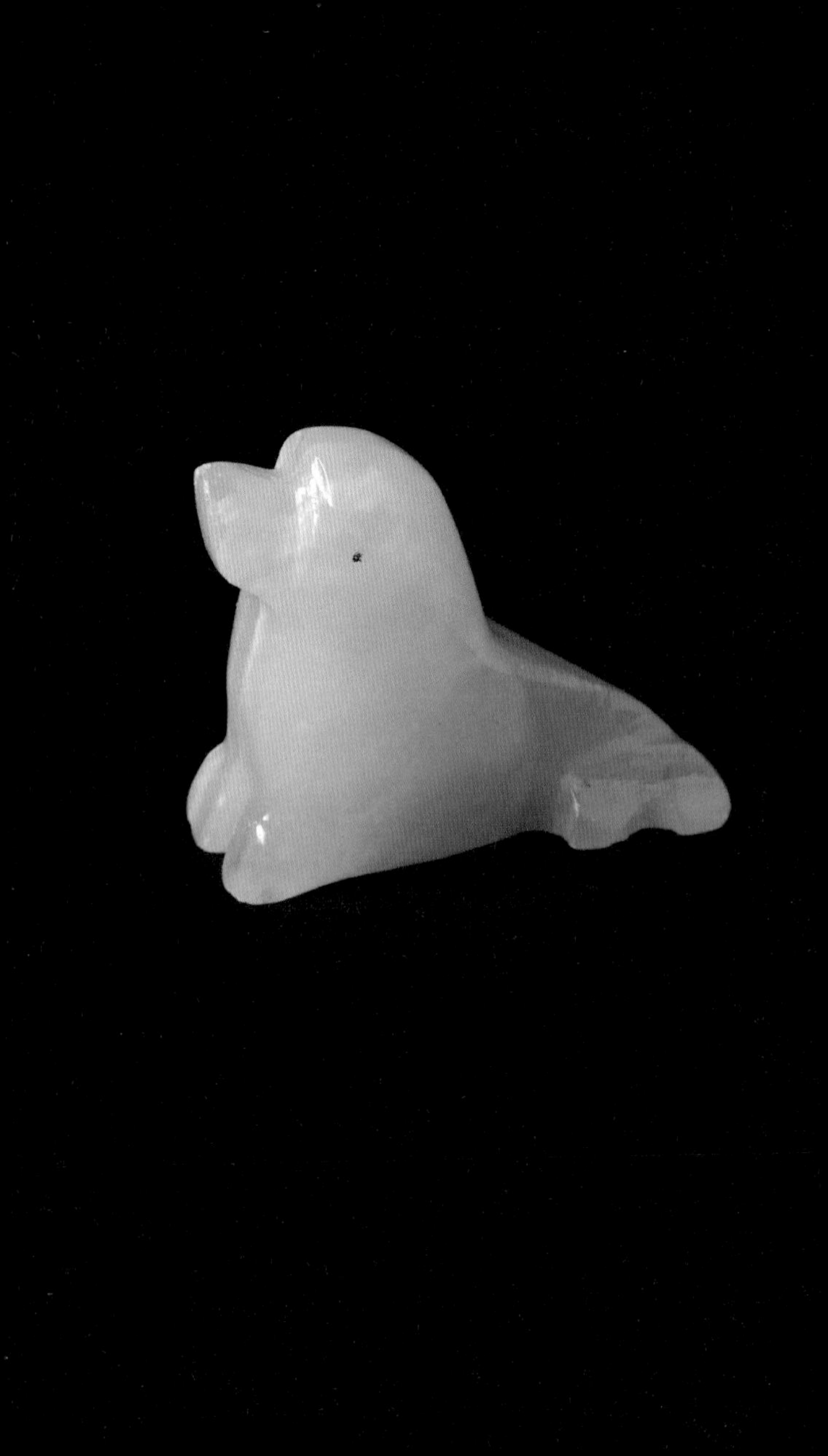

白い生き物

White Creature

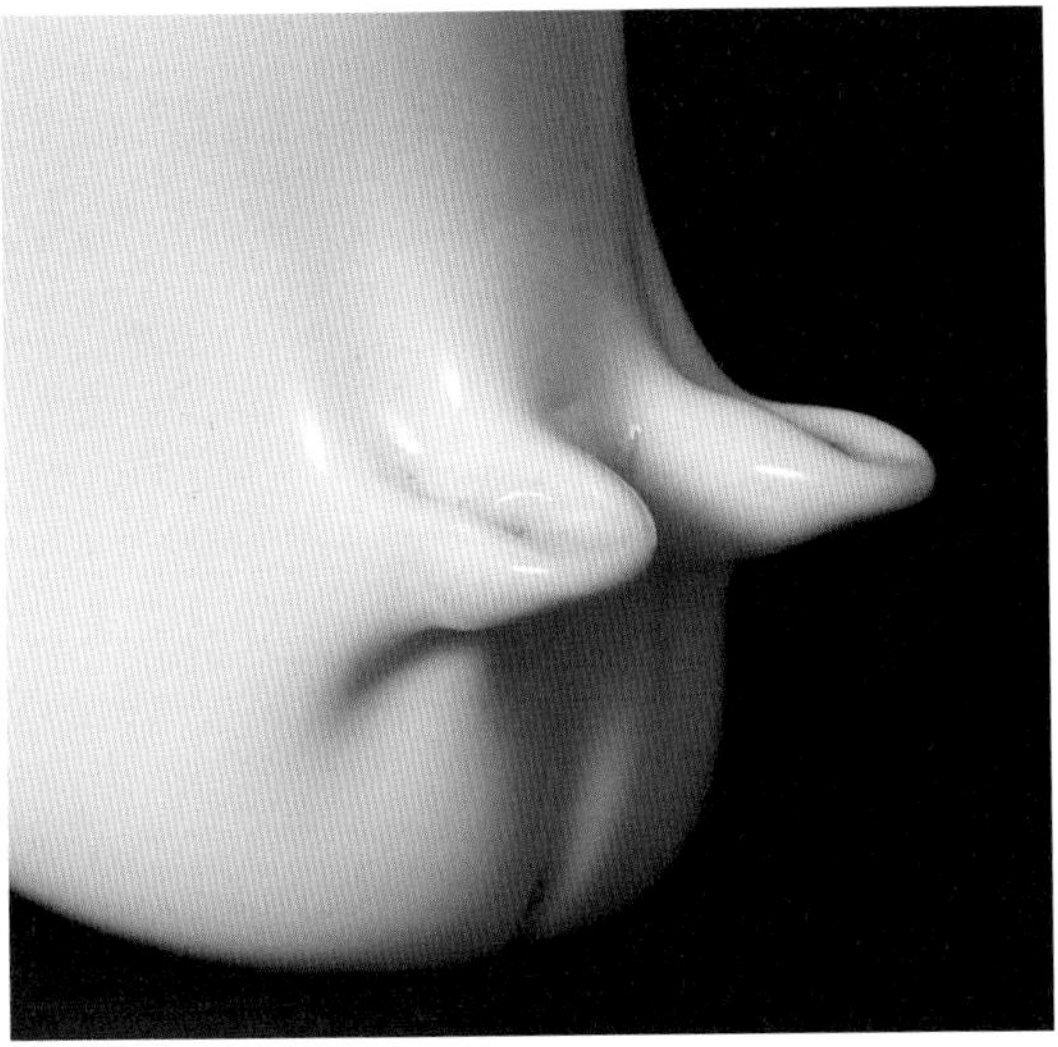

ガラス製の置物である。この動物はなんだろう。前に突き出た2本の気味の悪い突起物は、手なのだろうか。実在する動物ではないのかもしれない。100均のイマジネーションの豊かさを感じさせてくれる作品だ。今のところ「白い生き物」としか呼びようがないが、せっかく新しいクリーチャーを生み出したのだから愛称もほしいところだ。単純だが、フリーダムから取って「フーリー」などはどうか。ぜひフーリーのぬいぐるみもつくってもらいたい。

怨恨芸者

Grudge Geisya

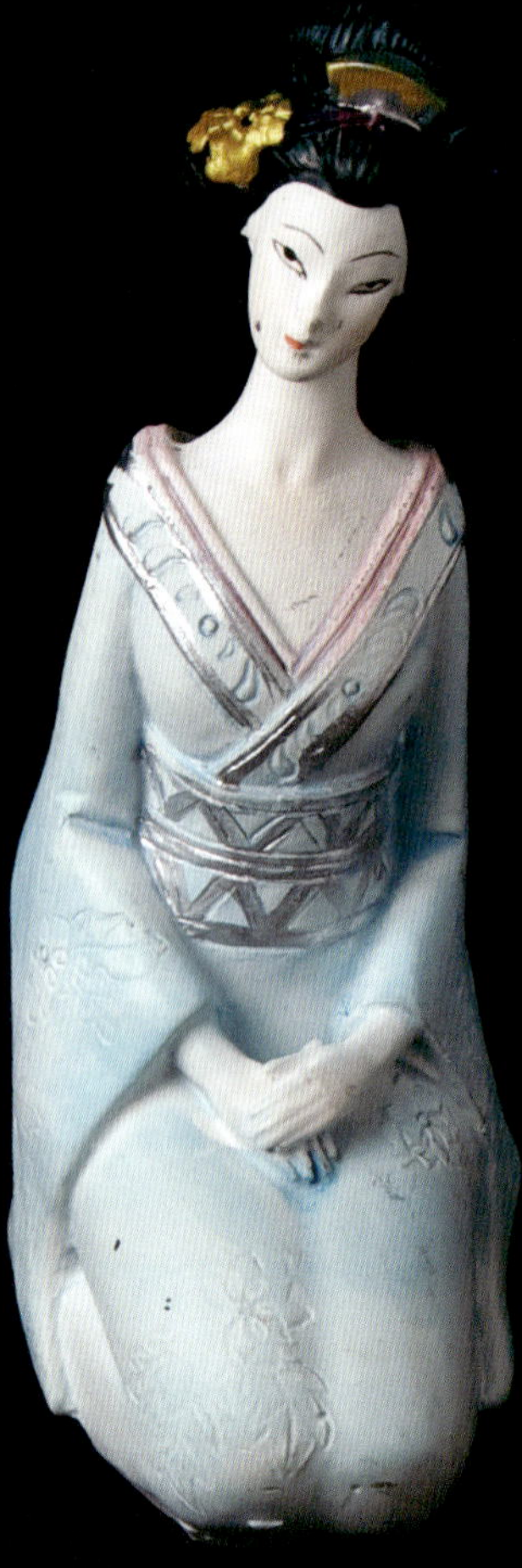

万人受けを狙わない顔づくり。フィギュア界に一石を投じる問題作である。誰を恨んでいるのか。過去によほどのことがあったのだろうと思わせる、怒りと悲しみに満ちた眼差し。作者がこの人形に込めた想いはどのようなものなのか…。年季の入った100均ファンならもうお分かりかと思うが、おそらく特に「想い」は込められてない。たまたまこういう顔になったのだ。偶然が生み出すダイナミズムを許容する。それが100均フリーダムである。

ガラスの鳥

Glass Bird

アヒルらしき鳥が、ギョッとするほど大きく口を開けている。今にも叫び声が聞こえてきそうだ。断末魔か。この鳥になにがあったのか。作者はこのような作品をつくることで、人々になにをメッセージしたかったのか・・・しつこいようだが、やはり特にメッセージは込められていない。たまたまこんな口になったのだ。口など、大きくもなれば小さくもなる。規格なんて必要ない。個体差を認め、それを誇ろうではないか。画一性とは、味気なさの別称だ。

瓶の中のなにか

Something in a Bottle

瓶の中になにかが入っている。なんだろう。野菜のようだがよく分からない。ちなみに1個の大きさは数ミリ。100均を巡っていると「自分の知識が足りないのか、それとも100均独自の表現なのか」迷うことが時々ある。今回のケースもそれだ。こういう野菜があるのかもしれないが、オリジナルの創作野菜である可能性も否定できない。いや、これはそもそも野菜なのか。正体の分からないものを商品として成立させる100均には、やはり感服するほかない。

カらしきもの

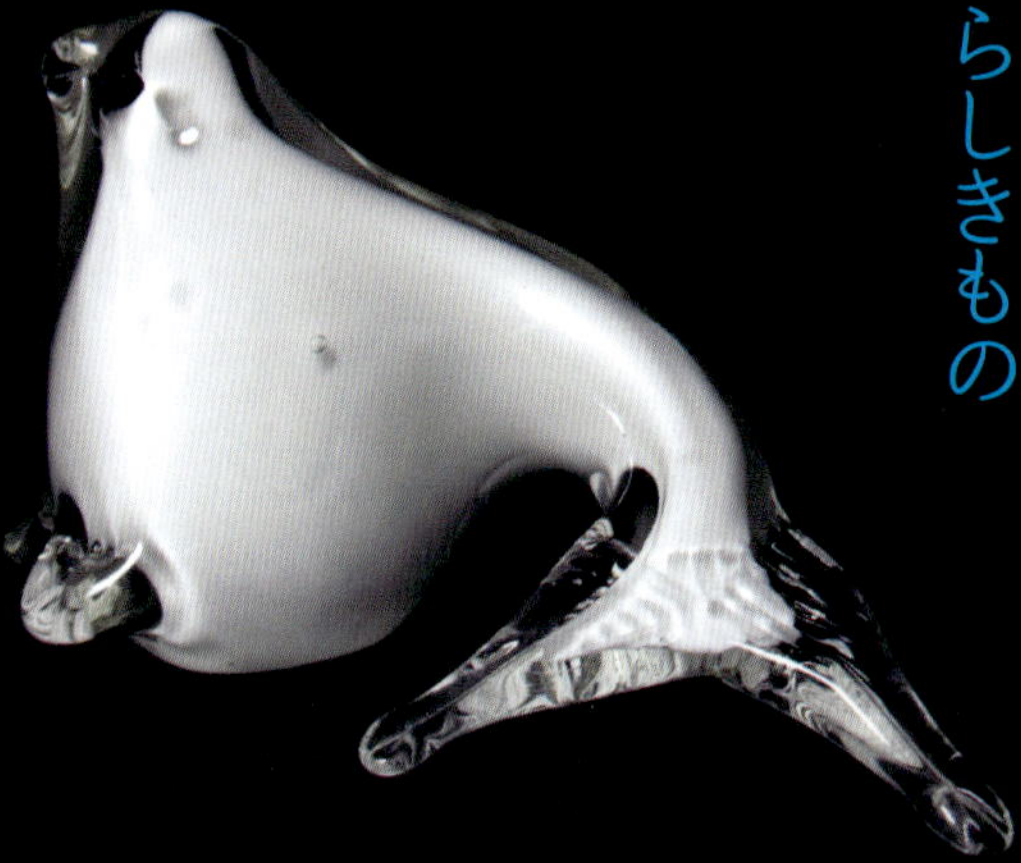

まず、全体を眺める。アシカかな？　とアタリをつける。次に脚の形を見る。アシカの脚（後ろのヒレ）ってこんなだっけ？　と考え、また全体を見る。頭を見る。胴体を見る。なにかが違う気がするが、なにとも言えない。本当にアシカなのだろうか？　と疑いながら、ほかの動物である可能性を考える。この生き物はなんなんだ・・・いつしか心地の良い閉塞感が私を包み込む。ずっとこうしていたい。100均フリーダムという亜空間を、永遠に漂っていたい。

すいかピアス

Watermelon Earrings

すいかを模したピアスである。面積の半分を占める大きな種が特徴的だ。ディテールへの執着のなさが素晴らしい。また、種のインパクトに隠れてすぐには気づかないが、皮の黒い筋もよく見ると違和感がある。普通、すいかは黒い筋と平行に切るものだが、これはクロスする形で切っているのだ。その結果、しましま模様の画期的なカットすいかが誕生した。100人いれば100通りのすいか表現がある。それを否定する権利は誰にもない。

コーヒー&ティー

Coffee & Tea

スターバックスのロゴを想起させるグリーンサークル。2つの星印もスタバと同じ位置にある。このようなデザインを、私は「イメージの引用」と呼んでいる。人口に膾炙《かいしゃ》した有名なデザインを下敷きにすることにより、狙った印象を効率的に生み出す表現テクニックである。心の赴くままにモノをつくっていると思われがちな100均だが、このような戦略的な一面も備えているのだ。100均クリエイティブの変幻自在ぶりをあらためて思い知らされる。

渦巻きグラス

Spiral Pattern Glass

渦巻き、太陽、星・・・電話をしながら無意識に描いた絵のようである。この、ぐだぐだ感が気持ちいい。誰にも見せるつもりのない落書きをしているときの、あの解放感を思い出そう。かっこをつけなくていいんだよ。立派じゃなくていいんだよ。そんなメッセージが爽やかに心を吹き抜ける。100均デザイナーは巧拙《こうせつ》にとらわれない。常に素で勝負する。自由とは、自分のままであることだ。その一貫した態度は我々に勇気を与えてくれる。

亀の中にいちご。あらゆるマーケティング理論から距離を置いた、孤高の商品コンセプトである。どのようにしてこれを思いついたのか、具体的に問い質してみたくなる作品だ。見る者を置き去りにするこの独特の感性こそ、１００均フリーダムの神髄と言えるだろう。底にマグネットがついているのだが、むしろ机の上に置いてじっと眺めていたい作品である。なぜ、亀にいちご・・・答えの出ない問いに身を委ねながら、思う存分、時間を無駄にしてみたい。

マグネット・ギョーザ

Dumpling Magnet

おそらくギョーザなのだろう。せいろの中に入った蒸しギョーザだ。パッと見、なんなのかよく分からない造形はさすが100均である。100均は解釈を強要しない。デザインに幅を持たせ、見る者に参加する余地を与えてくれる。使う側からの能動的な意味の付与によって、初めて作品が完成するのである。蒸しギョーザにしては妙に黄色いな・・・そんな疑念が湧いてきたら、さっそく新しい解釈を模索してみよう。それも100均の楽しみ方の一つだ。

亀アヒル

Duck Turtle

亀の中にアヒル。昔の人が想像した宇宙の形か。いや、違う。おそらく「亀いちご」とセットで考え出されたものだろう。フルーツでシリーズ化するのかと思いきや、アヒルである。途方に暮れる方も多いだろう。動物 in 動物。これを見た後では、亀いちごがむしろ普通の発想に思えてくる。それを麻痺と言うか、目が肥えたと言うかはあなた次第である。次は亀の中になにが入るのだろう？ そんな想像をし始めたら、もう立派な100均マニアだ。

ギョーザ&ジャム

Dumpling & Jam

裏にマグネットがついている製品。4つの黄色い塊はおそらくギョーザであり、左側の瓶はジャムだろう。それがトレーの上に乗っている。トレーの上のギョーザ&ジャム。シュルレアリストが言う「手術台の上のミシンとこうもり傘の出会い」への、100均界からの回答か。常識に縛られた企画会議をどれほど繰り返しても絶対に生まれない作品である。「ギョーザにジャムを添えてみよう」。その素敵な思いつきに反対する者は、100均界にはいない。

ペットボトルホルダー
Plastic Bottle Holder

100均界が、また1つ新たなブランドを世に送り出した。その名も「T-GEAR」。ロゴデザインが素晴らしい。ご覧の通り、Tの頭がナイキだ。世界的に有名なロゴマークを換骨奪胎した、冒険心あふれるデザインである。ナイキテイストを導入したことで、スポーティーな印象を与える作品に仕上がっている。「イメージの引用」効果がうまく活かされた事例だ。ナイキからの「JUST DO IT」という呼びかけに、100均界は見事に応えてみせた。

Q

100均クイズ（2）

"WHAT IS THIS?"

中にマグネットが入っている製品。メモなどをとめる道具である。ずんぐりした楕円形のボディに、小さなポツポツ。さて、なにがモチーフになっているでしょう。黄色い円部分をどう捉えるかが重要かもしれない。ここを読み間違えると正解には辿り着けない。ただ、これはそれほど難しくないだろう。ある程度100均グッズを見てきた方なら推測がつくはずだ。ちなみに商品名には「ちりめん風」という冠がついていた。「風」がたまらなく素敵である。（答えは次ページ）

A

さつまいも

Sweet Potato

黄色い部分は皮がむけている表現なのだろう。そして小さなポツポツは、おそらく窪みを表している。出っぱっているけど窪み。このあたりの100均テイストを把握していなければ、読み誤ることになる。

100均
フリーダム

お正月飾り

New Year's Ornament

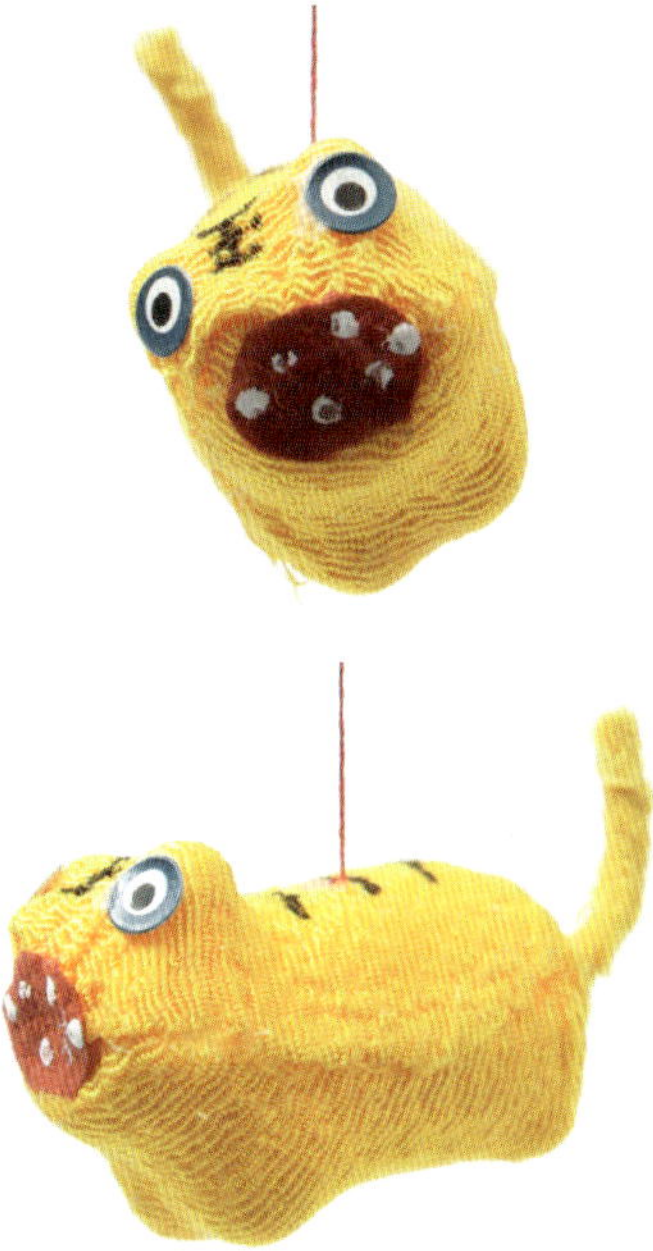

お正月コーナーにあった飾りである。田んぼの鳥よけのような目。海底に棲息する深海魚のような口。13番目の干支の提案ではない。これが100均なりの虎なのだ。月並みな表現を拒否するその姿勢は、いつもながらあっぱれと言うほかない。今後も毎年このような斬新な干支表現を見られるのだと思うと胸が躍る。きっとこちらの想像を上まわる造形を披露してくれることだろう。100均作家のご健康とご多幸を心よりお祈り申し上げます。

時計貯金箱

Clock Coin Bank

置き時計の形をした貯金箱である。12・3・6・9がそれぞれローマ数字で表されているのだが、よく見ると12以外の数字がことごとくフリーダム。まず、3（Ⅲ）と9（Ⅸ）が横転している。そして6（Ⅵ）がすごい。これはどう見ても「N」だ。もしⅥのVとIがくっついても、Nにはならない。また、Ⅵが180度回転しても、Nにはならない。どうなっているのか。私も事態を把握するのにしばらく時間がかかった。そう、これは6ではなく、4（Ⅳ）ではないか。

カエル・スケルトン

Translucent Frog

透明なカエルの中に、なにかが入っている。脳みそだろうか。内臓だろうか。なに臓だろう。一時期スケルトンブームがあったが、その流れを汲んでいるのかもしれない。ボディは妙にベトベトしており、触ると指に吸い付いてくる。このベトつき感をお伝えできないのが残念だ。当然すぐにホコリまみれになるわけだが、100均はそれも承知の上だ。グロテスクだろうとホコリにまみれていようと許される世界。その度量の大きさに胸を打たれる。

木くず人形
Woodchip Doll

材木工場の木くずを集めてつくったのだろうか。フランケンシュタインの怪物のような、ある種の哀しさを感じさせる人形である。目玉にべっとりと付着したボンドが痛々しい。恨めしそうな目が、なにかを訴えているかのようだ。「なぜ、俺をつくった・・・」そんな呟きが聞こえてきそうである。しかしこの大雑把なモノづくり精神こそが100均フリーダムを支えているのだ。木くず人形よ、お前が生まれてきたのは、人々に自由を伝えるためなのだよ。

coffeecoffeecoffee

coffeecoffeecoffee

呪文のように並ぶ「ｃｏｆｆｅｅ」の文字。大丈夫か、と思わず心配してしまうデザインだ。しかし、もちろん１００均作家は正気である。コーヒー・ノイローゼなどではない。むしろ逆で、ここには「深く考えない態度」がある。気楽な創作スタンスが反映されているのだ。特に言うことがないので「ｃｏｆｆｅｅ」を並べました、というくったくのない姿勢。１００均の持つ安直さは、決してネガティブなものではない。それは自由を獲得するための必須条件である。

ガール
Girl

髪の毛の分量が、まったく足りていない。これまでに何度となく噛み締めてきた言葉、「適当」の2文字が頭に浮かぶ。言うまでもなく100均は適当である。精度に頓着しない。半端を恐れない。その悠然かつ、のんきな生き方から学ぶことは多い。適当を否定し完全さを求めるあまり、我々はゆとりと自由を失ってきたのではないだろうか。適当を受け入れよう。だいたいでいいのだ。胴体が妙に黒ずんでいるのだって、たいしたことじゃない。

ポリス

Police

Policeと書いてあるのでパトカーなのだろう。乗っているのは警察官ということか。しかし100均デザイナーは、予定調和な警察官を表現したりはしない。この独特な顔づくりを見てほしい。不気味な黒い目。なにかを企んでいるかのような笑み。そしてこの鼻はなんだろう。7つの点が描かれている。どう解釈すればよいのか。これは鼻の穴なのか。「鼻の穴が7つあるもの、なーんだ」。答えは100均ポリス。思わずそんななぞなぞを考えてしまう。

ダルメシアン

Dalmatian

誓って言うが、私はマジックインキでいたずらなどしていない。悪ふざけはしていない。こういう商品なのだ。ダルメシアンと書いてあった。なんという無邪気さだろう。100均の世界につくづく憧れる。こんなことをしても誰にも怒られないのだ。粗い斑点から窺える、のびのびとした手さばき。しっかり肩の力が抜けている。もちろん1体1体、斑点の付き方は違っており、同じものは2つとない。すべてがオンリーワン・アイテムである。駄洒落ではない。

LOVEグラス

LOVE Glass

びっしりと刻まれた愛の告白。かなりの粘着質タイプとお見受けする。もしもこのグラスを、知らない異性からプレゼントされたら、どんな顔で受け取ればいいのか。英語が読めないふりをして、さらっと受け流すか・・・そんな想像をして背筋をひやりとさせるのも一興である。中途半端なデザインを得意とする100均だが、時としてこのような「振り切ったデザイン」を見せてくれるのも大きな魅力だ。100均の辞書に、自重という文字はない。

LOVE
Love
Love
LOVE

LOVE
LOVE
LOVE
LOVE

Love

LOVE

LOVE

Love

丸板キーホルダー

Round Plate Keychain

思わず「こういうの売っていいんだ」と呟いた私である。目から鱗が落ちる思いだった。丸いアクリル板にチェーンをつけて、はい、キーホルダー。その発想はなかった。こうして目の前に差し出されるまで想像だにしなかった自分が悔しい。デザインは引き算が大事である、とはよく言われる言葉だが、引きすぎじゃないのか。凡人はそう思ってしまうが、これが100均の造形術なのである。余計な装飾を施す自由もあるし、とことん引いてみせる自由もある。

インターネット・マグ

Internet Mag

なぜWELCOMEが大文字でinternetが小文字なのか、そして間にtoがなくていいのか、といった点も気になるが、もっと気になるのは中央に鎮座する「?」である。なぜ、はてな。「インターネットがよく分からない」という気持ちを表しているのだろうか。パソコン初心者の心理を記号化したのか。分からない。また1つ、100均からの挑戦状が届いたようだ。このカップでコーヒーでも飲みながら、ゆっくり謎解きを楽しむとしよう。

宇宙ワッペン

Space Patch

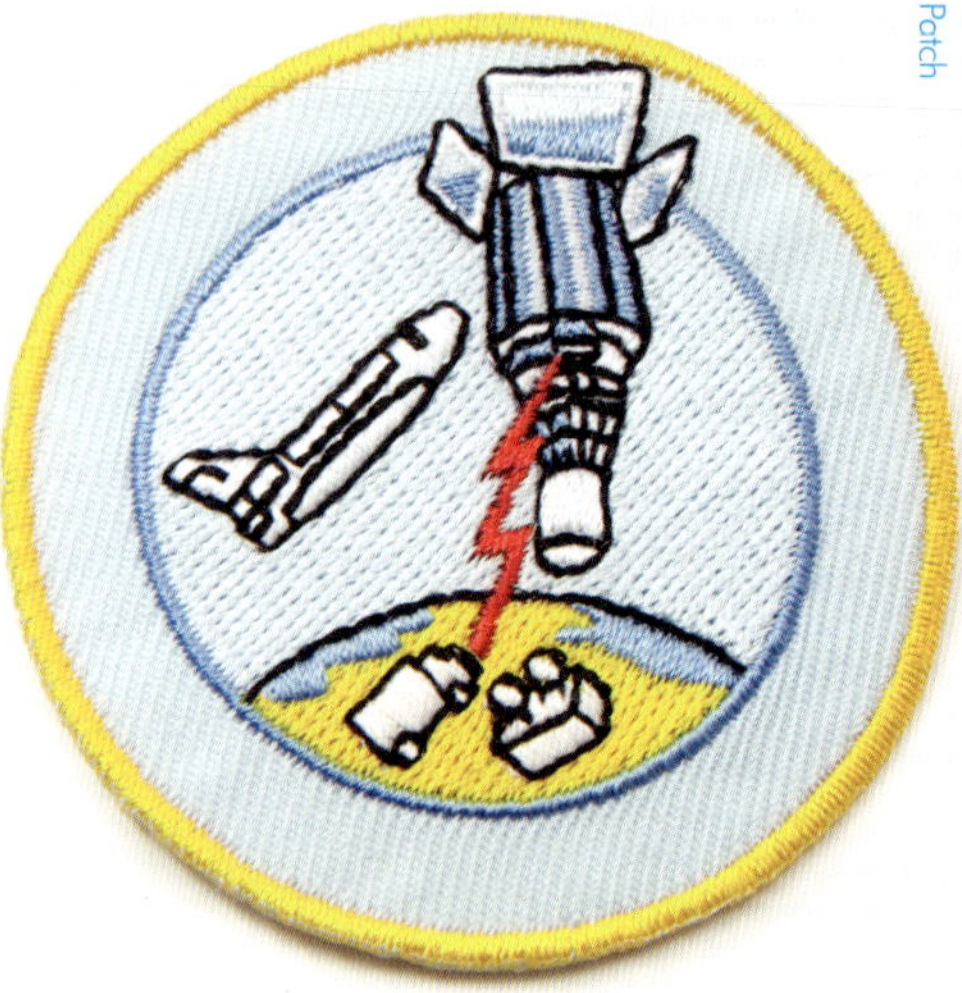

「どう解釈すればいいのだろう」。これは100均グッズを見たときによく湧き起こってくる感情である。このワッペンのデザインからも、そのような戸惑いを感じる方が多いと思う。トラックから人工衛星（だろうか？）へ電波が飛んでいる。その横にはスペースシャトルらしき絵。これはどういう場面なのだろうか。何を表しているのか。さあ、背後に流れるストーリーを想像してみよう。100均側に解はない。あなたの中に、あなただけの解がある。

いちごピアス

Strawberry Earrings

白い種が妙に大きい。一瞬、別の果物なのではないかと疑ってしまうが、いちごだろう。触覚のように飛び出した緑色のヘタも、見る者を軽く混乱させる。どこから生えているのだ。薄々気づいている方も多いと思うが、100均は1センチ以下の作業が苦手である。世の中には100分の1ミリ単位の精度で部品を削る職人がいるそうだ。そんな職人技と、この100均技には天と地の差がある。しかし、天には天の、地には地の役割と価値があるのだ。

漢字眼鏡ケース

Kanji Eyeglass Case

漢字の刺繍が入った眼鏡ケースである。なにかの漢文の一部だろうか。「頭頭」とはどうしたことだろう。どんなストーリーを展開したら「頭頭」というフレーズが出てくるのか。そんな余計なことが気になるため、普通なら「頭頭」を避けてほかの漢字を真ん中に持ってくるだろう。しかし100均作家はそうしない。なぜなら、そんなに意味内容を気にしていないからである。意味なんてどうでもいいのだ。深く考えなくていい。こだわりは息苦しさを招く。

電話イヤリング

Phone Earrings

電話機。それも懐かしいダイヤル式である。この冗談とも本気ともつかないデザインが見る者を困惑させる。子供向けのおもちゃだ、と言ってしまえば腑に落ちなくもないが、しかしそれでも「なぜ電話機」という思いは残る。なぜ・・・。このような困惑を何度も味わううち、やがてあなたも自ら困惑を欲するようになるだろう。しかも、前より大きな困惑を求めて売場を巡るようになる。そうして人は100均マニアになっていくのだ。私のように。

温泉まんじゅう

Hot Spring Buns

ストラップである。まんじゅう、なのだろうと思う。うっすらと刻印されているのは温泉マーク。すなわち温泉まんじゅうなのだろう。100均に限らず、お菓子をモチーフにしたおもちゃは世の中に多い。ケーキなどはよく見るパターンだ。しかし、まんじゅうはなかなかお目にかかれない。渋いチョイスである。離れて見るとなにかまったく分からないところも魅力的だ。これをカバンにつけて地味な謎かけを振りまくのも、また一興である。

Q

100均クイズ（3）

"WHAT IS THIS?"

ガーデニング用の飾り。庭や鉢植えの土に、これを挿すのだ。なにかの動物であることは分かると思う。さて、なんの動物でしょう。なんとなく「あれかな？」と思い当たる動物がいると思う。しかし、ちゃんとそれを口に出して答えてほしい。けっこう勇気がいることに気づくだろう。まったく見当もつかない問題より、なんとなく分かる問題のほうが勇気がいるものだ。答えを宣言した際に心に宿る、数パーセントの疑念と不安に向き合ってほしい。（答えは次ページ）

A

ブタ

Pig

正解できただろうか。これをブタであると、ちゃんと宣言できただろうか。できたのならそれはそれで心配だが、しかしあなたの心には自由の風が吹いたはずだ。もう一度はっきり口に出してみよう。これはブタだ、と。

肉

HAPPYアップリケ

HAPPY Applique

運搬されるゾウ。その表情はどこか悲しげだ。しかし頭上には堂々たる「HAPPY」の文字。全然HAPPYには見えないのだが、どういうことだろうか。なにか背後に流れる複雑なストーリーがあるのか。それとも「どのような境遇にあっても心の持ちようでHAPPYになれる」という100均哲学を表しているのか。・・・いやいや、考えすぎだ。100均に哲学などない。奥深いストーリーもない。囚われているのはゾウではなく、私の思考だ。

黒猫キーホルダー

Black Cat Keychain

いびつな耳。ほつれたヒゲ。慎重さを欠いた瞳の位置。子供の頃につくったものを押し入れで見つけたときのような、清々しい未熟感が漂う。手づくりの趣きとは一線を画す、明らかな「追いついていない感」。しかし100均は語りかける。どんなにいびつなものでも、存在する価値があるのだと。どんなに未熟でも、作品を世に問う自由はあるのだと。一寸の虫にも五分の魂。100均フリーダムとは、私を肯定する心であり、あなたを肯定する心である。

笛帽子

Whistle Cap

現物もかなり分かりにくい形をしているのだが、写真だとなおさら分かりにくい。スリッパのようにも見えるが、どうもこれは帽子（キャップ）のようだ。なおかつ、つばの中が空洞になっており、そこから息を吹き込めるようになっている。笛である。吹いてみると、まるで病人が咳き込んでいるかのような、細くかすれた音色が響いた。帽子にもなりきれず、笛としても中途半端。しかしそれでいいのだ。完璧を求める者は、窮屈な心を得るだろう。

赤い動物

Red Animal

幼児向けの木製おもちゃである。赤い体に、白い耳。いったいなんの動物なのか。答えはどこにも書かれていない。カバのような気もするが、そう断言できるほどの手がかりはない。もし子供に「この動物なに？」と聞かれたら、多くの大人たちは口ごもってしまうに違いない。それでいいのだ。このおもちゃを手にした子は、早くに学ぶだろう。人生には答えのない問いがあるのだということを。この優れた知育玩具が100円で手に入るという事実を喜びたい。

ウェルカム星

Welcome Star

フェルトでできた、いびつな星である。いびつなのは形だけではない。刺繍で書かれた、たどたどしいWELCOME。急いで縫ったのだろうか。何秒でできるか競争したのか。そしてその下には、チェック模様の星が貼り付けられている。なぜ星の中に星を貼ろうと思ったのか。ありきたりなデザインに背を向ける100均クリエイティブ、さすがである。布のほつれもいいアクセントになっている。真の「手づくり感」とは、こういうことを言うのだろう。

サンタ・デ・ブードゥー人形

Santa Claus de Voodoo Doll

サンタ・デ・ブードゥー人形なのだそうだ。なにを言ってるのか分からないと思うが、私だって分からない。そう書いてあったのだから仕方がない。サンタクロースで、かつ、ブードゥー人形なのだ。とまどいが脳内を駆け巡る。深く考えてはいけない、と自分に言い聞かせるが、どうしても考えてしまう。ダメだ。考えるな。分かろうとすればするほど、自由は遠ざかるのだから。無心で受け入れるのだ。サンタでブードゥー、サンタでブードゥー・・・

眼鏡の上からサングラス

Clip on Sunglasses

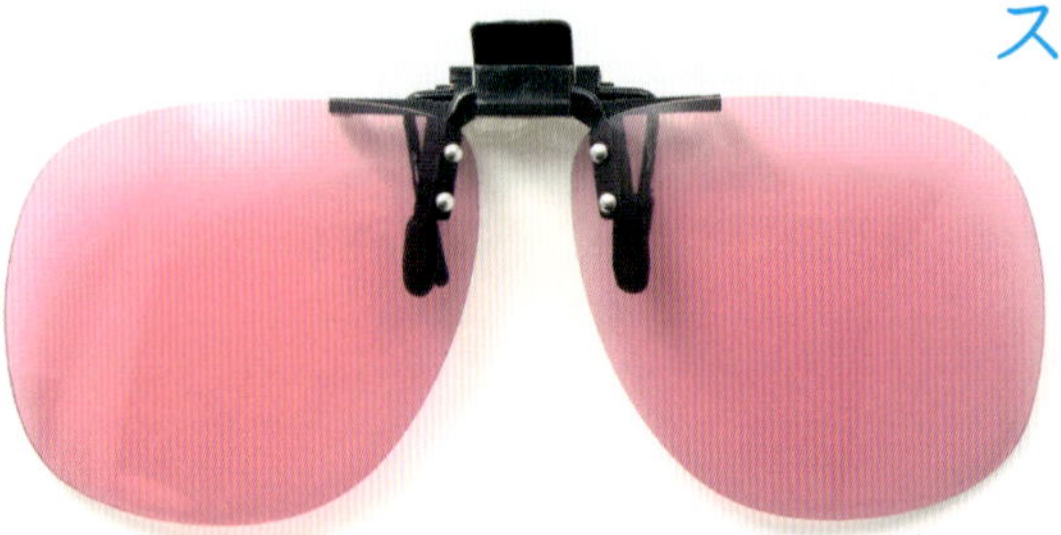

眼鏡常用者はサングラスをかけることができない。かといって度入りのサングラスをつくるのも大変だ。ならば、眼鏡の上からかけられるサングラスがあれば・・・そんな思いつきを形にしたのがこの商品である。レンズにクリップして、ワンタッチで装着できる仕組みになっている。カラーは紫・青・黄の3種。妖しい色あいに心が躍る。これを装着したら、世界はどんなふうに見えるのだろう。そしてそれ以上に、自分の姿はどんなふうに見えるのだろう。

英語バンダナ

English Bandana

英単語が散りばめられたバンダナである。お互いになんの関連性もない言葉の羅列が見る者を飽きさせない。書体のむず痒さも素敵だ。ＬＯＶＥ、ＰＯＰ、ＢＩＧなどはいいとして、ＭＥＭＯ。唐突である。この飛躍の仕方は見習いたい。そしてＹＯＵＲ、さらにはＷＩＴＨ。なぜ単体で使おうとしたのか。なぜその単語を選んだのか。その答えは、ちゃんとバンダナに書かれている。そう、それは「ＦＲＥＥ！」。１００均自らのフリーダム宣言である。

刺繍ボタン
Embroidery Button

カビではない。また、青く変色した奥歯でもない。モチーフとなっているのは犬である。犬という非常に分かりやすくポピュラーな題材も、100均作家がデザインすればこのような見慣れない姿になるのだ。先入観を排し、手先が勝手に生み出すオリジナリティに忠実であろうとする姿勢。これを私は「フリースタイル」と呼んでいる。この飾りボタンをお子様の洋服などにワンポイントで縫い付けてあげよう。自由闊達に育ってほしいという願いを込めて。

ひも登りパンダ

Climbing Panda

プリン型の頭が抜群の違和感を放っている。どうしてこんなことになったのか。哲学者サルトルは「人間は自由という刑に処されている」と言ったが、100均グッズを見ているとその意味がなんとなく分かるような気がしてくる。確かにパンダの頭がプリンになるのも、つくった人間が自由すぎるからだろう。しかしそれは悲しむべきことだろうか？　その自由という刑を、むしろ我々は祝福しようではないか。サルトルの不幸は、100均を知らなかったことだ。

竹ペン立て

Bamboo Pen Holder

竹でできたペン立てである。子供がいたずらで彫ったかのようなボディの星マークがうれしい。さすが「わかってらっしゃる」という感じだ。この星マークがなければ、ごく普通の渋いペン立てになってしまう。それでは意味がない。それでは自由がない。「普通のものなんて誰にでもつくれる」そんな作者の声が聞こえてきそうだ。蛇足だって立派な個性。自分の思い通りにつくろう。このペン立てには、星マークと共に作者の矜持《きょうじ》が刻み込まれている。

熊ウォッシュグローブ

Bear Wash Mitt

　これを店頭で見かけたとき、思わず二度見した。舌が、あらぬ場所から出ている。この舌はどこから出ているのだ。瞳孔が開いているかのような目もすごい。しっかりキマっている感じである。作者もキメながらこれをつくったのだろうか。ビートルズなど多くのアーティストが、幻覚体験を元に作品を創作しようとしたことはよく知られた話である。100均作家は知覚の扉を開き、その向こう側へ我々を招く。そこにあるのは、もちろんフリーダムである。

へのへのティッシュケース

Henoheno Tissue Case

布製のティッシュケースである。全面を覆う「へのへのもへじ」の文字。余白の少なさが、常軌を逸した雰囲気を漂わせている。へのへのもへじというのは顔を描くための遊び言葉だが、顔を描かずにそのまま言葉だけを記しているところもすごい。別にへのへのもへじじゃなくてもよかったんだろうな、ということがひしひしと伝わってくる。この自由きままな表現が100均スタイルである。動機は、希薄であればあるほどいい。理屈などいらないのだ。

パズル・インテリア

Puzzle Interior

これがなにか、お分かりだろうか。パッケージにはなんと、「組み立てパズル」と書いてあった。高さは約13センチ。土台のキューブに葉っぱのような板をただ差し込むという商品である。我々が漠然と抱いている「組み立て」という言葉の定義、及び「パズル」という言葉の定義が激しく揺さぶられる。また、パッケージには「お部屋のインテリアにどうぞ」とも書かれていた。インテリアに・・・今まで信じてきた世界が、ゆっくりと崩壊してゆく。覚醒は間近だ。

ワイルド・シマウマ

Wild Zebra

カッと見開いた目。その瞳は緑。我々がシマウマに対して抱いているイメージを、気持ちよく覆してくれる作品である。この眼力(めぢから)、なかなか出せるものではない。まるで肉食動物のようだ。作者のシマウマ観を堂々と表現する、この遠慮のなさがうれしい。現実に即したイメージ通りのものをつくっても退屈なだけだ。100均作家は、想像力の有意義な使い方を知っている。固定観念から脱し、常に自由であろうとするその姿勢は尊敬に値する。

熊キーホルダー
Bear Keychain

無秩序に生えた毛。どこにあるのか分からない目玉。むやみに長いリボン。触った自分の手を確認してしまう、ホコリっぽさ。完璧である。ぞんざいな創作姿勢となおざりな商品管理体制が見事に融合し、まるでついさっきまで実家のすみっこに転がっていたかのような経年感を醸し出している。しかし決して不快感はなく、見ていると不思議な安らぎを覚える。ルーズさが見る者の緊張を解きほぐしてくれるのだろう。これを100均ヒーリングと呼びたい。

無題

Untitled

100均には時々、商品名の書かれていないグッズが売られている。その場合は自分で呼び名を決めているのだが、この商品の名前はいくら考えても思いつかなかった。どう呼べばいいのだこれを。もういい。名前などなくていいのだ。名前とはレッテルである。人はレッテルを見た瞬間、本質を見ようとしなくなる。そして思考停止に陥るのだ。それではいけない。あなたも虚心坦懐にそのものを見つめ、自分の頭で考えてもらいたい。私の身にもなってほしい。

解釈を強要しない(p73)　ふわっとした完成度(p55)　動物 in 動物(p74)　斬新な干支表現(p81)　心地の良い閉塞感(p68)　妙にベトベト(p85)　汎用性なし(p31)　気楽な創作スタンス(p91)　精度に頓着しない(p93)　なにかを企んでいるかのような笑み(p95)　振り切ったデザイン(p99)　シャリ、ネタ、猿(p42)　こういうの売っていいんだ(p102)　ちょっとボンドの量が多すぎないか(p13)　英語として違和感がある(p41)　どう解釈すればいいのだろう(p104)　立派じゃなくていいんだよ(p71)　1センチ以下の作業が苦手(p105)　離れて見るとなにかまったく分からない(p110)　冒険心あふれるデザイン(p76)　清々しい未熟感(p117)　しっくりに無頓着(p15)　頭がプリン(p131)　しっかりキマっている感じ(p141)　誤解を一切恐れていない(p49)　真の「手づくり感」(p123)　言葉の定義が激しく揺さぶられる(p145)　想像力の有意義な使い方(p147)　ディテールへの執着のなさ(p69)　100均ヒーリング(p149)

Reprise

素敵な思いつき(p75) クリエイティブに自己規制を設けない(p11) 答えのない問い(p119) 耳なし芳一を彷彿(p17) 意味内容を気にしていない(p108) 仕掛けのなさ(p19) 常軌を逸した雰囲気(p143) 孤高の商品コンセプト(p72) あえてそれを商品化(p23) ミステリアスさにキュンとくる(p25) のびのびとした手さばき(p97) 出すところはしっかり出す(p28) ミスに寛容(p35) 妖しい色あい(p127) 哀しさを感じさせる人形(p87) 手先が勝手に生み出すオリジナリティ(p130) ざっくりした仕上がり(p40) 細くかすれた音色(p118) ほとんどのものがアリに含まれる世界(p47) だいたいの雰囲気でつくる(p51) ダイナミックな乱れ(p27) 首、長くね？(p53) 新しいクリーチャー(p59) 様々な問いを投げかけてくる(p36) 万人受けを狙わない顔づくり(p61) 断末魔(p63) オリジナルの創作野菜(p65) がんばったけどダメでした(p29) イメージの引用(p70) 冗談とも本気ともつかない(p109)

あとがき

100円ショップを利用するようになってずいぶん経つ。日常生活で必要なものがあると、まず「100均にあるかも」と考えるし、実際その多くが手に入るのだ。そして言うまでもなく安い。

100円ショップに通ううちに、私は売場に不思議な感慨を覚えるようになった。それは、なんとも言えない心のざわめきだった。

私はしばしば、企画会議を経たとは思えない突飛な商品を見た。また試作でつくられたかのような、中途半端なデザインの商品を見た。そのたびに私の心はざわめいたのだった。気づくと、それらを買い集めるようになっていた。

フィギュア愛好家がお気に入りのフィギュアを並べ愛でるように、私は100円ショップで購入したざわめき商品たちを自室に並べ、眺めた。それらの商品からは、概して真剣味が感じられなかった。グッズが増えるにつれて弛緩した空気が部屋に満ちていった。それが心地よかった。

なんという適当な世界だろう。彼らを眺めていると自然と口元が緩み、眉間の皺がつるんと消えてしまう。そして、いろんなことがどうでもよくなってくるのだ。

やがて私は、この得体の知れない解放感を誰かに伝えたいと思うようになった。

この本に収録したのは、そうやって私を癒してきてくれたグッズたちの一部である。ご覧の通り、彼らはみんなチャーミングだ。ときおりイラッとさせられる瞬間もあるが、それも含めて愛おしい。できれば現物を手にとって触ってほしいのだが、簡単ではないだろう。この本を通して私が感じたフリーダムを少しでも味わっていただければ幸いである。

彼らは売場の片隅で、じっと発見されるのを待っている。ぜひあなたも宝探しに出かけてほしい。自由は、１００円で手に入るのだ。

内海　慶一

内海 慶一（うつみ けいいち）

1972年生まれ。
100均自由主義者。ピクトさん研究家。
著書『ピクトさんの本』（BNN新社）

100均フリーダム

2010年 6月22日 初版第1刷発行

著者 内海 慶一

写真撮影 内海 慶一

装丁・デザイン 中山 正成（2m09cmGRAPHICS, Inc.）

編集 石井 早耶香

翻訳協力 須鼻 美緒

発行人 籔内 康一

発行所 株式会社ビー・エヌ・エヌ新社
〒150-0022
東京都渋谷区恵比寿南一丁目20番6号
Fax: 03-5725-1511
E-mail: info@bnn.co.jp

印刷・製本 シナノ印刷株式会社

ISBN978-4-86100-702-6

『ピクトさんの本』

よく見れば、街中のあちこちにいて私たちに注意をうながす人型ピクトグラム「ピクトさん」。本書は、世界中から集められた痛々しすぎて笑ってしまうピクトさんの目撃写真にコメントをつけることで、単なる記号をエンターテイメントにまで高めた、本邦初の「ピクトさん研究報告書」です。

ISBN: 978-4-86100-504-6
著者: 内海 慶一
定価: 1,050円
仕様: 170×105mm　160頁
発売日: 2007年4月20日